Couvertures supérieure et inférieure
manquantes

A TRAVERS LE VIVARAIS[1]

LE PRADEL ET OLIVIER DE SERRES

Nous prenons nos billets pour Villeneuve, à la station de *Ruoms-Vallon*, en plein Vivarais, a sept cent-dix kilomètres des bureaux de la Revue. Il est huit heures du matin. Le chef de gare, avec une urbanité dont ne sont pas toujours prodigues ces seigneurs du railway, nous annonce notre départ pour 8 h. 50, ajoutant que l'exactitude du grand Roi eût pâli devant celle du train qui doit nous emporter. Il nous reste une demi-heure que nous employons à visiter le bourg. Quelques maisons échelonnées le long de la route, un hôtel assez confortable et récemment bâti, une brasserie importante, une monumentale construction que son style fait reconnaître pour un établissement religieux, constituent le bourg.

A quelques centaines de mètres, apparaissent, sur un mamelon, les tours rondes du château de Chaussy, où est né le colonel Tourre, officier d'un brillant avenir, dont la mort tragique, au Mexique, émut un moment l'opinion en 1865.

1. Extrait de la *Revue de France,* numéro du 15 juin 1881.

Nous remarquons autour de nous une animation qui nous semble peu en rapport avec les habitudes paisibles d'un bourg campagnard. Des affiches de toutes les couleurs et de toutes les dimensions, bariolant les angles de toutes les maisons, nous expliquent cette animation. Nous sommes en pleine période électorale[1]. Un bruit de grelots met en émoi les groupes. C'est un candidat qui passe, au trot de ses chevaux. Il va, nous dit-on, visiter quelques hameaux perdus dans le creux des rochers qui, brûlés par le soleil, couronnent l'horizon. Nous regardons avec épouvante le pays qu'il doit parcourir, un vrai Sahara de pierres — et à pic — et nous nous disons qu'arrivé là-haut — si haut ! — le pauvre homme, suant, soufflant, à moitié congestionné, trouvera peut-être un électeur grincheux qui lui refusera sa voix, le rendant responsable de ce qu'il n'existe pas déjà une route à quatre chevaux pour arriver dans sa masure.

Un mien ami prétend que tous les candidats seront sauvés ; les souffrances de la candidature étant, dit-il, une expiation plus que suffisante des méfaits que toute créature humaine est condamnée à perpétrer dans cette vallée de misères. Il appelle cela « la rédemption par l'élection. »

L'affirmation peut paraître un peu hasardée, mais j'avoue que l'expiation me parut, à ce moment, fort dure, et de nature à expier bien des choses.

La population de ces contrées — nous pûmes alors le constater à loisir — est composée de deux races bien distinctes : l'homme du nord, le Frank, blond ou roux, grand, musculeux, venu avec Charles-Martel, au huitième siècle, et le Sarrazin, petit, maigre, brun, nerveux, maître du pays à cette époque. Des siècles n'ont pu unifier les deux races, et leurs dissemblances physiques sont presque aussi accentuées aujourd'hui qu'au temps d'Abdérame.

Les braves gens, — sarrazins ou franks — n'ont guère soupçon, du reste, de leur valeur anthropologique.

Nous suivons au hasard une rue en pente et nous nous trouvons tout à coup à mille lieues du Vivarais, et à bien des années du dix-neuvième siècle. Un rempart circulaire, de style oriental, se dresse devant nous. Dans la saillie d'une tour carrée s'ouvre une immense porte ogivale qui laisse voir, dans sa pénombre, la margelle d'un puits rond du treizième siècle, une rue en enfilade remplie d'ogives,

_____

1. Fin juillet 1840.

de pignons, de fenêtres grillées, d'escaliers se tordant dans des tours béantes.

L'arête du rempart coupe le ciel d'une ligne sèche mais harmonieuse, et, sur un point, brisant cette ligne, se dresse, svelte et élégante, la tour romane d'un clocher byzantin.

Autour, pas un toit, pas une maison.

L'impression est étrange. Le soleil flamboie sur ces murs rayés çà et là de quelques déchirures noires. Au-dessus, le ciel, d'un bleu intense, sans nuages... un silence profond, une solitude complète. Derrière l'enceinte, dort depuis des siècles le village sarrazin.

On se croirait subitement transporté dans un de ces bourgs fortifiés, du temps des Croisades, en plein Orient, et l'on s'attend presque à voir apparaître, dans l'arc sombre et lumineux de la vaste porte, la fière silhouette d'un templier, au manteau blanc écartelé de la croix rouge.

Sur la demi-heure il ne nous reste plus que cinq minutes. Nous nous hâtons, et nous arrivons à point pour voir le train entrer en gare. Nous avisons un vagon inhabité. Un coup de sifflet, un hennissement du coursier de fer, et nous sommes partis.

Dix-neuf kilomètres nous séparent de Villeneuve-de-Berg, la station la plus rapprochée du Pradel. C'est l'affaire de trente-cinq minutes et de deux arrêts : *Balazuc* et *Vogué-Vals*. Le train file à travers un paysage d'un caractère saisissant. Nous nous établissons commodément à la portière de droite, la rive gauche ne présentant qu'une succession de collines sans caractère, et séparées de la voie par des champs de blé ou de mûriers de peu d'étendue. De notre côté, l'horizon s'élève et la vue s'étend jusqu'à la grande chaîne du Tanargue et aux premiers contreforts du massif de l'Auvergne, qui ferment l'horizon à cinquante kilomètres. Les pics, tailladés en dents de scie de la chaîne volcanique, apparaissent à ce moment comme les bords d'une dentelle aux teintes gris-perle. Au-devant de nous, à portée de main, c'est le pays calcaire, la lande vivaroise, accidentée, montagneuse, presque sans arbres, entrecoupée de ravines abruptes, faite de bancs de pierres d'un blanc éclatant que tachent quelques taillis de chênes verts, quelques génévriers, des touffes de buis aux tons bronzés. Parfois apparaissent, comme un vestige de fortifications abandonnées, de longues assises de rochers arrondis et rangés en forme de bastions. Des cavités surgissent subitement, comme des fantômes que le jour chasse, des silhouettes cendrées d'oliviers. Sur les collines grisâtres, brûlées par le soleil, sont accroupis les dolmens mystérieux. A quelques pas, l'Ardèche, la rivière de feu[1], dont les eaux étincellent par intervalles, à travers les hautes falaises dentelées qui les enserrent. Un village apparaît et disparaît : c'est *Chauzon*. A ses pieds, une vaste plaine de gras pâturages, parsemée de champs de mûriers au feuillage arrondi. On dirait des troupeaux errants de moutons à la verte toison. Nous passons : ils s'enfuient ; les pâtres, qu'on prendrait pour des peupliers, les poursuivent. Dans une vision rapide, se montrent des murs déchiquetés aux grandes baies carrées, des tours rondes. C'est le château de la Borie où vint mourir, dit la tradition, une maîtresse royale délaissée: nid coquet et luxueux qui abrita souvent les amours du marquis de la Fare et de cette princesse de Bourbon-Conti dont la constance fut un des étonnements du dix-huitième siècle. Nous traversons un court tunnel, et nous sommes à Balazuc. Tout au plus le temps de constater que le train s'arrête, et nous laissons derrière nous l'humble station qui rappelle cependant un grand souvenir.

C'est du château-fort caché derrière cette colline que la voie éventre, que partit, il y a neuf siècles, à la tête de ses chevaliers, un des principaux chefs de la première croisade : Pons de Balazuc, le guerrier-historien.

Une chapelle romane — celle même où furent bénies les armes du croisé — une forteresse aux trois quarts ruinée, un haut donjon que le temps a respecté, quelques maisons noirâtres, fleuronnées de trèfles et d'ogives, étagées sur le rocher à pic qui baigne ses pieds dans les eaux vertes et profondes de l'Ardèche, et qui furent probablement les demeures de ses hommes d'armes, constituent le village jadis domaine du haut-baron féodal. Le temps a respecté le vieux *burg*, qui diffère peu aujourd'hui de ce qu'il était au onzième siècle.

Je m'absorbe volontiers dans les souvenirs qu'évoquent les lieux que nous traversons, mais j'ai compté sans mon compagnon de route, un Parisien sceptique, dont la plume a trempé dans mainte opérette, bien fredonnée sur le boulevard. Il m'interrompt pour me dire le *libretto* qu'il vient de fabriquer en écoutant ce qui précède :

« SCÈNE PREMIÈRE : En gare, partant pour la Palestine, le sire de

---

1. Elle portait d'abord le nom d'Hentica, nom dont la physionomie est toute celtique, mais qui vient peut-être aussi du grec ἐντήκω, *faire fondre, liquéfier par la chaleur. (Histoire du Vivarais*, par l'abbé Rouchier, 1862. Paris, Didot.)

Balazuc, sur son fier destrier de bataille, lance au poing, cuirasse au flanc et casque en tête. Le ticket sur le casque, une plume d'oie derrière l'oreille et une écritoire de corne en sautoir. A côté, dame Isabeau, sa vertueuse épouse, qui perd le sentiment, et ne le retrouve qu'à la promesse d'un télégramme au débarquement de Constantinople. Tout près, son page, « son beau page » chargé d'une couverture de voyage et d'un panier de provisions d'où sortent quelques cols de bouteilles casquées d'argent — vrai cliquot. — Derrière, les hommes d'armes, lance en arrêt, ticket en tête. Chœur de pompiers sur l'air : *Partant pour la Syrie*. Tendres adieux interrompus par l'appel du chef de gare : *Messieurs les voyageurs pour la Croisade... en voiture !* »

SCÈNE II... J'arrêtai le malheureux. La parole, que l'indignation m'avait un instant enlevée, m'était revenue, mais une diversion vint sauver le coupable.

Devant nous s'ouvrait, dans une échappée vaporeuse, la vallée de Vogué, barrée par une énorme muraille de calcaire bleuâtre. Tout au fond, et comme plaqué contre le rocher, un vieux château montrait quatre tours rondes, qu'un harmonieux mélange d'ombre et de lumière mettait dans un énergique relief. C'est le berceau de cette famille de Vogué dont l'illustration, dépassant les limites de sa province, appartient à la France entière. Au-dessus du vieux manoir, dans les profondeurs de la montagne, une ligne sombre de verdure que l'œil peut à peine distinguer, annonce les premières futaies de la forêt du *Bousquet*. C'est sous ses épais ombrages que se joua, au dix-septième siècle, le prologue d'un drame dont le bourreau devait accomplir le dénouement.

Il y avait grande chasse, un jour de l'an de grâce 1632, au château de Vogué, et les chasseurs étaient tous gens de haut lignage. Messire Henri de Montmorency, maréchal de France, gouverneur pour Sa Majesté du Languedoc, avait pour compagnons, ce jour-là, les plus grands seigneurs de la province. Nobles chasseurs et noble gibier! C'était un prince de l'Eglise, le premier ministre du roi Louis XIII, que l'on chassait. Le prince Gaston d'Orléans, las de se reposer, venait d'ourdir une nouvelle conspiration. Il s'agissait, pour la troisième fois, de soustraire le roi et sa fidèle noblesse au joug de l'Eminence rouge. Le cadavre du maréchal d'Ornano avait été comme un défi jeté par le premier ministre aux conspirateurs.

Convaincu que le roi de France est prisonnier de son ministre, le maréchal de Montmorency a embrassé avec ardeur la cause de ce prince du sang qu'il croit le défenseur de la liberté et de l'indépendance nationales. Il lui a promis son épée et celle de ces nobles seigneurs vivarois dont il a apprécié la vaillance et le loyalisme dans les dernières guerres, et il est venu chez son ami, le vieux comte de Vogué, sous le prétexte d'une chasse, organiser la révolte et recruter des partisans [1].

Le rendez-vous avait été fixé dans la forêt du Bousquet, peu éloignée du château de Vogué.

Il y aurait, croyons-nous, dans cette scène historique, le sujet d'un tableau émouvant.

Sous le dôme sombre des grands chênes, à travers lesquels pleuvent des gouttes de soleil, un groupe nombreux de brillants seigneurs... Une figure les domine, le maréchal de Montmorency, nature ardente, parole éloquente et passionnée. Il juge et condamne ce ministre, violateur des droits et des privilèges de la nation. D'une cassette, il tire un parchemin où se lisent déjà les noms de redoutés seigneurs et de puissants prélats. On sent sur les physionomies attentives courir le frémissement de la colère... Un homme reste seul attristé, c'est le comte de Vogué, un vieillard à barbe blanche. Son regard parcourt le groupe et s'arrête un instant, comme désespéré, sur son hôte et ami : « Monseigneur, lui dit-il, en toute autre occasion je sacrifierais avec empressement pour vous mes biens et ma vie; mais vous me demandez de vous suivre dans une entreprise que je crois opposée à mon devoir... Permettez-moi de vous refuser, dans ce but, le secours de mon bras. Plaise à Dieu que vous ne compromettiez pas, par votre témérité, votre honneur, votre existence, la fortune de votre famille... [2]. »

Triste et morne, le vieux comte s'approche du maréchal, lui fait ses adieux, et n'essaie pas de lui cacher une larme qui roule sur sa moustache blanche.

Le manifeste, signé de presque tous les autres assistants, partit le soir même pour Montpellier. C'était l'arrêt de mort des signataires.

---

1. Le maréchal devait être d'autant mieux accueilli par la noblesse du Vivarais, que Richelieu venait de demander aux États du Languedoc l'abandon de leur vieille juridiction financière; qu'il voulait mettre à la taille la noblesse, disait-on, et la faire juger par des juges de second ordre.

2. Mémoires inédits de Cérice-François, comte de Vogué : manuscrit.

Quelques mois après, on dressait un échafaud à Toulouse. Gaston d'Orléans venait d'acheter l'impunité au prix d'une nouvelle tête. Cette tête avait une certaine valeur, c'était celle d'un maréchal de France.

Le bourreau accomplit son œuvre : Henri de Montmorency, criminel de lèse-majesté, fut décapité. Il avait trente-huit ans.

Il y eut une heure de désolation profonde dans ce château de Vogué dont nous apercevons encore à l'horizon les vieilles tours grises.

Mon compagnon prenait des notes. La beauté du paysage, l'intérêt des souvenirs qu'il évoque l'avaient enfin « empoigné ». Je me penchai sur son carnet. Je lus ceci : « Scène II... Le sire de Balazuc, débarqué à Constantinople, compte attentivement les mots d'une dépêche qu'il adresse à son intendant, en Vivarais, lui recommandant de cacher, ainsi qu'il a été convenu, le phonographe du château dans la chambre de dame Isabeau, sa fidèle épouse... Avoir œil sur page... Il finit en demandant la dernière cote des *Ottomans*... y a, sur lieux, quelque chose à faire... Consulter, du reste, agent change, etc... »

Je fus un instant convaincu que je ferais une bonne action en commettant un crime. Nous étions seuls dans le wagon, pas de sonnette de sûreté, et mon compagnon supprimé, c'était toujours une opérette de moins. Quelques sots scrupules me firent hésiter ; il n'était plus temps, nous arrivions à Vogué.

Vogué-Vals, *buffet, cinq minutes d'arrêt, les voyageurs pour Aubenas, Vals et la ligne.*

Gare importante où affluent les voyageurs et les marchandises de tout le *Bas-Vivarais* : houilles, minerais de fer, bois de construction, fourrages, eaux minérales, soies, vins, etc. ; on peut s'y approvisionner d'un livre et d'un gigot cuit à point par l'ex maître-queux de feu le marquis de Pommereux. Des crieurs annoncent les journaux du jour : *Figaro, Gaulois, Voltaire*, etc., etc. Des voyageurs descendent en assez grand nombre. Ce sont pour la plupart des baigneurs à destination de Vals. Un train les attend qui les conduira à Aubenas, d'où ils franchiront, en omnibus, les quatre kilomètres qui les séparent de la station balnéaire. Dans un an la ligne prolongée les conduira jusqu'à Vals même, et ils pourront, en descendant de wagon, pousser la grille de l'établissement thermal. Nous voyons s'engouffrer et disparaître dans une tranchée profonde et tournante le train d'Aubenas, et nous continuons notre route à travers un paysage sans caractère. La vue, encaissée, ne peut franchir, pendant quelques instants, un sol aride, rempli de crevasses sèches, dans lesquelles apparaissent, noircis, les bois des vignes phylloxérées. A gauche, l'horizon s'étend un peu : ce sont des collines arrondies, boisées, d'un aspect plein de fraîcheur. Le soleil les prend à revers et donne à leur gazonnement des tons de velours. Cela repose des calcaires brûlés de l'autre rive. Une échappée à droite... un village mire ses blanches maisons dans l'Ardèche qui les baigne de ses eaux vertes. Elles nous semblent bien heureuses... La colline calcaire nous enserre de nouveau.

Le train roule... roule... Subitement le décor change. C'est un tableau tout fait. On dirait que Cicéri a passé par là, mais c'est plus beau qu'à l'Opéra.

Les Cévennes se sont enfuies derrière nous en bleuissant. Le Coiron s'avance en un gigantesque promontoire dans la plaine. Sur sa pente se profile, en lignes fines et élégantes, une haute tour carrée, — la tour de Mirabel. — Les toits d'un petit village dévalent à ses pieds. Au-dessus, les longues croupes plates de la montagne, des corniches de basalte brunes. Sur les flancs, des ravines brûlées, des traînées de pierres et de cendres, des rocs noirs où la lave s'est figée Partout une lumière intense qui tantôt flamboie sur la surface polie des calcaires, tantôt est comme bue dans les combes boisées aux teintes fauves. Une transparence dans l'air qui souligne tous les détails et supprime presque la distance.

Cette nature aux lignes sèches, dures, à la lumière ardente, presque crue, bouleverserait les paysagistes de Bougival ou du Bas-Meudon. Transporté fidèlement sur la toile, le paysage que nous avons devant les yeux ferait scandale ou serait un succès inouï au Salon. Ce pays, brûlé au dedans par les volcans, au dehors par le soleil, est invraisemblable pour les Parisiens. Regnault et Delacroix l'eussent compris. Un peintre vivarois, Bouchet, l'a indiqué dans son *Camp de César.*

Le train s'arrête. Une gare de peu d'importance que celle de Ville-neuve. Trois quarts de lieue la séparent de l'ancienne capitale judiciaire et politique du Bas-Vivarais. La patrie des deux de Serres, de Court de Gébelin, de ce comte d'Entraygues, dont la destinée aventureuse finit si mystérieusement à Londres, sous le poignard d'un assassin, est aujourd'hui un bourg abandonné, sans commerce, sans

CAHIER (S) OU PAGE (S) INTERVERTI (S) A LA COUTUR
RETABLI (S) A LA PRISE DE VUE.

DE LA PAGE 9
A LA PAGE 24

avenir. C'est une ville morte que tua le décret de la Constituante du 23 août 1790, supprimant les sénéchaussées. Le phylloxera a anéanti ses beaux vignobles, déjà renommés au seizième siècle, et qui donnaient ces « friands vins clérets » dont parle le *Théâtre d'agriculture*, et le chemin de fer l'a laissée, comme une galeuse, à une lieue de son passage. Elle n'a plus que le souvenir de ses splendeurs passées.

Pressés de nous rendre au Pradel, nous négligeons l'antique cité, renonçant pour le moment à voir la statue d'Olivier de Serres érigée en 1858, et qui est, dit-on, une des meilleures œuvres d'Hébert.

Sur la foi d'une bonne femme, nous affirmant qu'il nous faut « à peine un bon petit quart d'heure de marche pour arriver au Pradel », nous nous jetons résolument à travers champs, l'ombrelle au poing, sous un soleil à fondre les basaltes dont les volcans du Coiron ont couvert le sol.

Nous suivons un chemin mal entretenu, plein d'ornières ou de cailloux, que « la bonne femme » nous dit être le grand chemin du Pradel. Il traverse la plaine, monotone, coupée de champs de mûriers ou de maïs. Nous avons toujours en face de nous le Coiron et Mirabel. On dirait, à ce moment, d'un immense tableau accroché dans l'espace, en exposition permanente. A notre gauche, une série de petites collines gazonnées derrière lesquelles se cache Villeneuve.

Nous n'avons « qu'à aller tout droit jusqu'au passage à niveau, auprès duquel nous prendrons à gauche, après quoi nous trouverons un passage voûté qui nous conduira à une rivière, que nous remonterons sur la rive gauche, et qui... »

Comme on le voit, nos indications étaient précises. Première à droite, seconde à gauche, passage, rivière, etc., et nous n'aurions réellement eu aucun prétexte légitime de nous égarer si la « bonne femme » n'avait négligé de nous indiquer la direction à prendre au carrefour que nous rencontrâmes à dix minutes environ de notre point de départ. N'étant que deux, il n'y eut naturellement que deux avis opposés. Un bouvier, que son maître et la Providence envoyaient à la gare, nous tira d'embarras. Grâce à lui, nous rencontrâmes bientôt le passage à niveau. Le « bon petit quart d'heure » était déjà loin dans les choses passées, et il nous restait encore « le passage voûté, la rivière, etc. », ce qui ne laissait pas de nous donner quelque inquiétude sur ce que nous avions encore de chemin à parcourir. A notre interrogation anxieuse, le gardien du passage répondit d'un ton compatissant, — nous étions de vraies fontaines ambulantes, — « que dans une petite demi-heure nous atteindrions à coup sûr le Pradel ». Il fut heureux pour la « bonne femme » de ne pas se trouver à portée de voix de mon compagnon. J'avoue que pour ma part je fus moins... surpris : je connais de longue date « le bon petit quart d'heure de marche vivarois, et, l'adaptant aux nouvelles mesures, je le fais généralement de quatre à cinq kilomètres. Dans l'espèce, mon calcul était juste : nous mîmes une bonne heure à parcourir la distance qui sépare la gare de Villeneuve du Pradel.

Sur un point du chemin, se penchant entre deux collines qui s'entr'ouvraient, nous aperçûmes le clocher de Villeneuve. Il disparut aussitôt comme un curieux pris en faute. Nous traversâmes sans encombre le passage voûté et remontâmes sur sa rive gauche, par un chemin de plus en plus mauvais, et après l'avoir traversée heureusement à pieds secs — car les ponts sont chose inconnue dans ces parages, la *Claduègne*, qui, à ce moment, justifiait bien son nom[1]. Son lit desséché, plein de cailloux surchauffés et luisants comme des éclats de verre, nous brûlait les yeux. C'est un de ces ruisseaux si communs en Vivarais, auxquels on ferait volontiers, en certaines saisons, l'aumône d'un verre d'eau pour les rafraîchir.

Tout à coup, au détour du chemin encaissé jusque-là entre deux collines arides, nous nous trouvons aux pieds d'un viaduc dont les arches, fermant la vallée, atteignent une hauteur vertigineuse. On dirait un gigantesque portique s'ouvrant sur la plaine qui s'étale tout ensoleillée devant nous. A ce moment, un train traverse le viaduc : monstre à cent têtes, aux naseaux fumants, qui raya d'un trait de feu le bleu du ciel et disparut comme une vision fantastique dans un sourd grondement.

A quelque pas, adossé au talus du chemin de fer, se cache « à l'ombre des noirs peupliers » un vieux moulin. La meunière qui n'est pas une meunière, le moulin n'étant plus un moulin, nous dit que c'est « le moulin du Pradel » et que nous sommes à cinq minutes du « domaine ».

1. *Clades ignis :* ravages du feu. Elle prend sa source au cratère de *Chaud-Coulant*, mouille, quand elle a de l'eau, les bases de Montbrul — Mont brûlant — tous noms de saison, comme on voit. Elle charrie, dit-on, des paillettes d'or. Le Coiron a une étymologie semblable. Son nom dérive d'un mot patois — ou celtique — *couoiré*, cuire : *couiron*, le cuisant ; d'où Coiron.

Nous gravissons rapidement une pente assez raide, et nous nous trouvons presque immédiatement à l'orée d'un magnifique bois de chênes. Notre regard se perd sous ces hautes futaies, dans ces profondeurs ombreuses, à travers ces troncs centenaires que des reflets lumineux dorent çà et là. Soudain, les arbres semblent s'écarter comme un rideau qui s'ouvre, et font place à une immense prairie. A droite et à gauche, le bois dresse ses plus belles futaies. Tout au fond, dans une perspective admirablement ménagée, une construction aux murs d'un blanc éclatant, arrête le regard. C'est le Pradel[1].

Ce vaste rectangle, sans ornement, produit de loin l'effet grandiose que fait une masse simple et régulière.

Cette première manifestation du passé que nous venons évoquer ne laisse pas que de nous émouvoir. Nous sommes en pleine histoire, et l'homme qui vécut là est une des illustrations de la France.

Sous la double impression du souvenir et du paysage qui a conservé les caractères, — si rares dans ces contrées — du grand domaine seigneurial, nous nous taisons et contemplons. La place est du reste bonne à l'émotion.

Le 2 août 1789 — il y a près d'un siècle — un illustre agronome anglais, Arthur Young, venu tout exprès en France pour faire le pèlerinage du Pradel, s'arrêtait où nous sommes. A l'aspect de cette mémorable vallée il ne pût maîtriser son émotion, et, tombant à genoux, il sentit ses yeux se mouiller de larmes.

Nous devions trouver au Pradel X..., un de nos peintres estimés. Rendez-vous avait été pris à Paris, quelques jours auparavant. Nous ne tardâmes pas à apercevoir, au plus profond de la futaie, un énorme champignon, comme il doit en pousser au pays de *Brobdignac*, et que sa teinte ardente eût fait classer dans la variété des *oronges* les plus hauts en couleur. A notre approche, le champignon devint parapluie, abritant une boîte à couleurs, un pinceau au bout duquel était une main, et enfin le propriétaire de cette main que nous allâmes énergiquement serrer. Cela paraît toujours un peu drôle de se retrouver à 800 kilomètres du boulevard, après s'être séparé quelques heures auparavant, au sortir de l'Opéra. Il semble que la distance vient de s'effacer, et qu'on va reprendre, le soir même, ses petites habitudes parisiennes. Mais le *Coiron* qu'on oublie est là. le

1. *Pratum, pratellum,* pratel, pradel, lieu de prairies.

Pradel aussi, et l'on reprend tout simplement ses pinceaux, et l'on esquisse le tableau qu'on a rêvé et pour lequel on a parcouru les 800 kilomètres susdits : *Olivier de Serres recevant au Pradel l'envoyé d'Henri IV.*

J'en ai trop dit pour ne pas être tout à fait indiscret, et j'ajoute que l'été prochain les amis de M. Mallet pourront voir dans son atelier le tableau qui sera — nous l'espérons bien, — un des succès du prochain salon.

L'ébauche, hardiment esquissée laissait déjà deviner les qualités de composition et d'ordonnance de l'œuvre.

Au premier plan, le surintendant général des jardins de France, M. de Bordeaux, baron de Colonces, avec sa suite : groupe de brillants seigneurs, costumes de cour, riches et élégants. Près de lui, figure principale du tableau, Olivier, un rural de l'époque. Son costume sobre, un peu puritain, en retard d'un demi-siècle se détache des élégances qui l'entourent.

Il fait à l'envoyé du Roi les honneurs de ses champs,

Un peu en arrière, le Pradel avec ses remparts élevés, ses guérites, son aspect de maison forte. Au dernier plan, le *Coiron* et l'élégante silhouette de la tour de Mirabel, la batailleuse forteresse.

Cette scène nous reporte à trois siècles en arrière. Le lieu même où elle s'accomplit est assurément dans le rayon de notre regard, et elle nous apparaît vivante, dans une illusion rapide comme l'éclair.

S'il est accordé à l'ombre des grands hommes de hanter après leur mort, ainsi qu'on le dit, les lieux mêmes où ils ont vécu, souvent, à l'heure où les approches du soir assombrissent les futaies, on doit voir passer Olivier, tel qu'il se représente « avec un livre au poing, se promenant par ses jardins, ses prairies, ses bois, tenant l'œil sur ses gens et affaires. »

Parfois aussi, on doit entendre, aux heures noires, comme un bruit de bataille des cliquetis d'armes, des gémissements de mourants, car « maintes embuscades et maints combats furent livrés dans les bois du Pradel » disent les chroniqueurs du temps, et j'imagine que plus d'une fois, messire Olivier dût interrompre un chapitre du *Théâtre* pour sauter en selle et débusquer un parti d'audacieux catholiques.

Cette plaine du Pradel qui s'étend des collines de Villeneuve aux basaltes du Coiron et qui se trouve sur le grand chemin de la Méditerranée à la Loire, a été du reste un champ de bataille permanent. Depuis les Romains, les batailleurs de toutes les époques s'y sont donnés de sanglants rendez-vous. Nos pères inconnus, les hommes préhistoriques, les y avaient précédés et y ont laissé, comme trace de leur vaillance, leurs lances de jade et leurs haches de silex.

Si l'influence des milieux n'est pas une théorie fausse, il devait s'élever de cette terre saturée de sang humain, depuis que les hommes ont été déclarés frères, des émanations homicides qui expliquent suffisamment les égorgements dont elle fut le théâtre au seizième et au dix-septième siècle.

Cette théorie aurait cela de consolant qu'elle diminuerait notablement la responsabilité des massacreurs de tous les partis. Souhaitons qu'elle soit vraie à ce point de vue.

Une large échappée de soleil qui illumine comme de reflets de flammes les premiers plans de la chênaie, fait évanouir tous les fantômes du passé, et nous nous retrouvons, en plein dix-neuvième siècle, au milieu de ce magnifique ensemble de prés, de bois, de champs qui constitue le Pradel.

Le domaine occupe la partie extrême de la vallée de la Claduègne que baigne, quand elle a de l'eau, cette capricieuse rivière. Sa contenance et son aménagement sont à peu près les mêmes qu'au temps d'Olivier. Les longues rangées de mûriers s'alignent encore dans les vastes champs, les vignes piquent toujours les pentes; mais *l'arbre d'or* n'a plus, hélas! que des rameaux flétris, le phylloxera a presque anéanti les vignes. Les deux fléaux méridionaux n'ont pas respecté le patrimoine sacré de celui qui fut le rénovateur de l'agriculture en France. Depuis quelques années, le chemin de fer le traverse à son extrémité méridionale.

Nous ne savons guère, en France, honorer nos gloires. Il est à peu près certain qu'en Angleterre ou en Amérique par exemple, une gare serait affectée au service du domaine historique, ou tout au moins que le chemin qui y mène ne serait pas laissé dans l'état d'abandon qui *distingue trop* celui du Pradel, et serait déclaré route nationale de première classe.

La famille de Serres posséda le Pradel jusqu'en 1694. Cette année, Marie de Serres, dernière descendante directe de l'illustre agronome, l'apporta en dot à un seigneur de Mirabel. Il resta dans cette maison jusqu'à la mort de Mᵐᵉ Pauline de Mirabel, veuve du marquis de Surville, le héros royaliste de 1798, et l'auteur, un moment présumé des poésies de *Clotilde de Surville*[1]. On a gardé, à Villeneuve, où elle est morte, le souvenir de ses vertus et de sa charité. Un collatéral, M. de Watré, de naissance et de noblesse bretonnes, fut son héritier. Le nouveau maître du Pradel resta fidèle à la mémoire du grand homme. Il se fit le gardien pieux de ce qu'il considérait comme un dépôt sacré : son fils, M. Léonce de Watré, possesseur actuel du Pradel, continue cette tradition.

Nous nous hâtâmes d'accomplir un devoir de convenance déjà un peu retardé peut-être, en nous présentant au Pradel. M. de Watré était absent et nous dûmes à Mme de Watré la plus gracieuse des hospitalités.

L'habitation actuelle est toute moderne. C'est une résidence élégante et confortable qui n'a conservé aucun caractère féodal. Elle date en grande partie de la fin du siècle dernier ou des premières années de l'empire. L'ornementation de certaines pièces accuse cette époque, et c'est aussi de ce temps que doit dater la nymphe, à la riche santé, qui étale, sous les beaux marronniers de la terrasse, l'ampleur de ses formes. Une cour sablée, ornée de massifs de verdure et de corbeilles de fleurs, précède l'habitation. Dans le mur extérieur de cette cour est encastré un mûrier qui est tout simplement une relique. Il a été planté par Olivier de Serres lui-même, et il atteint sa trois centième année : un bel âge!... Son tronc écorcé et crevassé, ses branches aux trois quarts desséchées, sont de marques manifestes de sa caducité, mais quelques rameaux verdis attestent encore une vitalité durable.

Que de choses il a vues, ce doyen des mûriers du Vivarais et peut-être du monde entier !... Que de secrets il a dû murmurer à la brise qui caresse doucement son feuillage de vieillard ! Mais, soit qu'elle n'ait pas compris, soit qu'elle veuille rester discrète, la brise ne nous a rien répété de ce qu'on lui a confié.

De cette cour, on pénètre dans un vaste jardin qui n'est autre que l'ancien verger d'Olivier. Là encore sont des souvenirs matériels du

---

1. Un livre de M. A. Mazon, fruit de laborieuses recherches et d'un profond savoir (*Marguerite Chalis et la légende de Clotilde de Surville*. Paris, Lemerre, 1873), prouve, hélas, que ces poésies ne peuvent pas être de la personne qu'on a voulu désigner sous le nom de *Clotilde de Surville*, et que leur date est de beaucoup postérieure au quinzième siècle. Nous disons : hélas, car nous regrettons vivement, pour notre part, cette douce et passionnée figure de *poétesse*.

grand homme : un second mûrier et deux cyprès dont les troncs mesurent près de cinq mètres de circonférence.

Un perron de quelques marches conduit au premier étage et donne accès à un grand salon que suit une vaste salle de billard. Un bon pastel — le portrait du marquis de Surville — orne le salon. Sur le marbre d'une console, une statuette d'Olivier. C'est une réduction de l'ébauche faite, en 1858, par Breysse, le pâtre sculpteur : un nom presque inconnu aujourd'hui, et qui jeta quelque éclat il y a trente ans. Il commença comme *le Giotto*, dont il semblait avoir le génie, et finit, hélas ! dans une maison de santé, le corps et l'esprit usés par les excès. Enfant du Vivarais, il ambitionnait par-dessus tout d'exécuter la statue de cet autre Vivarois dont le bronze devait consacrer la gloire. Un rival lui fut préféré, et c'est l'œuvre d'Hébert que l'on admire aujourd'hui à Villeneuve. Cette déception aggrava beaucoup, a-t-on assuré, la terrible maladie dont est mort le malheureux artiste.

Olivier, debout, dans une attitude méditative, tient de la main droite, un peu relevée, un cocon ; de la main gauche, tombant le long du corps, un petit rameau de mûrier. La physionomie manque d'élévation et de noblesse, et l'ensemble de la statue justifie pleinement le choix qui fut fait de l'œuvre d'Hébert.

Sur un guéridon, des brochures, des livres — les dernières nouveautés de la saison — trahissent les goûts littéraires des maîtres de la maison.

La salle de billard est surtout une galerie de portraits : un musée de famille. Des *Mirabel*, des *Watré*, des *Saint-Andéol*, dans leur riche costume des dix-septième et dix-huitième siècles : toiles médiocres au point de vue artistique, à une ou deux exceptions près. Les seigneurs du Pradel y sont représentés par un affreux petit bonhomme, de trois ans à peine, aux yeux de chouette, à la physionomie renfrognée, le cou pris dans une fraise dont la raideur l'étrangle certainement, ce qui explique son air de méchante humeur. C'est, assure-t-on, le portrait de *Daniel de Serres*, fils aîné d'Olivier, et le futur révolté de 1628.

Sur une table, une cassette Louis XIII qui a dû appartenir à Olivier, objet précieux qui en contient de plus précieux encore : le testament du grand homme, tout entier écrit de sa main, et un mémoire des fournitures faites par lui « pour les affaires de l'Eglise réformée ».

Ce testament occupe les quatre pages d'un feuillet in-8°. Il est du
26 août 1617, et précédé d'une espèce de déclaration du notaire chez
lequel il fut déposé, en date du 8 du même mois, et constatant que
ce sont bien là les dernières volontés, etc... Chose singulière, cette
déclaration, cet acte de dépôt, comme on dirait aujourd'hui, qui devrait
être postérieure au testament, lui est antérieure de dix-huit jours. La
dernière ligne, contenant la date et la signature est d'une encre plus
blanche, et l'écriture est postérieure au corps de l'acte. Les marges
sont couvertes de petits cachets sur cire rouge, aux armes des *Des
Serres*, armes parlantes : *Sur champ d'azur, trois serres de proie;
l'écu sommé d'un casque de chevalier, le tout entouré de palmes.* Ces
armes diffèrent du blason attribué à lafamille[1] : *D'argent au che-
vron d'azur, chargé de trois étoiles* *'or 1 et 2.* Devise : *Cuncta in
tempore.* Chaque page de l'acte — chaque rôle — est signée par le
testateur, et dans ces différentes signatures, ainsi que dans celle
qui termine le testament, c'est *des* Serres que le testateur a écrit
et non *de* Serres. Cette orthographe, tout à fait en rapport avec les
armes, est celle employée par Olivier. Nous la retrouvons dans le
Mémoire dont nous venons de parler.

Ce mémoire est assez curieux; il peint un caractère et indique
une époque.

Olivier était bon *mesnager*, économe et soigneux de son bien. De
notre temps, nous l'appellerions un homme positif. Il ne fait pas
de générosités inutiles, même pour sa religion, dont il est cependant
l'apôtre fougueux et fervent. En 1561, il eut à loger, dans sa maison
à Villeneuve, à nourrir et entretenir un ministre envoyé de Genève
aux réformés de cette ville. Il garda le ministre et sa famille, composée d'une femme et d'une fille, pendant cinq mois — du 15 mars
1561 au 15 août suivant. — Olivier réclama en payement au Consistoire une somme de quarante-cinq livres — soit neuf livres par mois,
— « y compris la dépense de la chambrière, qu'ay nourri environ
deux mois. » Le Consistoire trouva-t-il la note exagérée? Il eût eu,
à cela faire, bien mauvaise grâce. Mais le ministre et sa famille
durent aller loger et vivre ailleurs, sans cesser cependant, chose
assez étrange, d'être entretenus et vêtus par Olivier. Cela résulte de

1. L'abbé Mollier. *Recherches historiques sur Villeneuve de Berg.* Avignon,
1862, p. 417.

réclamations postérieures, dont le détail peut intéresser les curieux d'économie domestique du temps passé.

« Fourni, écrit Olivier — il a alors vingt-deux ans, — une paire de souliers pour lui (le ministre) et ung pour sa femme et ung pour sa fille, 24 sols. — Du 15 avril 1562, une cane, sarge d'Orléans noyre pour faire un corps de robe à sa femme, et quelques autres habillements à 4 sols le pan, monte 1 livre 12 sols ; pour la façon du corps de la robe payé 3 sols. — Du 4 juin, une paire de souliers à sa fille, 1 sol 3 deniers, la façon d'un manteau et d'une quasaque qui monte à dix sols, etc. »

Trois sols la façon d'une robe ! vingt-quatre sols, trois paires de souliers ! Les tailleurs et les cordonniers de notre temps arrondiraient difficilement leur petit million à ces prix-là, et nos faiseurs pour dame abandonneraient certainement le métier pour cause d'ingratitude.

L'écriture de ce Mémoire est naturellement plus hardie, plus assurée, plus ferme que celle du testament, écrit cinquante-six ans plus tard, mais la physionomie générale est restée la même. Et chez cet octogénaire, exprimant ses dernières volontés, disant un suprême adieu à la vie avec la fermeté d'âme du chrétien qui a toujours accompli son devoir — ou qui le croit, — la main est restée aussi ferme que l'intelligence[1].

Un petit cadre en bois, fort laid, grand comme la main, auquel un respect que l'on comprend a interdit de rien changer, contient sous verre une mauvaise feuille de papier où est dessinée à la plume une tête autour de laquelle sont écrites les lignes suivantes : « *Cecy est le portrait de S^r noble Olivier des Serres, Sgr du Pradel, âgé de 80 ans, tiré par son fils et dessiné* (ce mot est presque illisible), *vingt ans avant son décès, mort le 2 de juillet 1619.* »

C'est le seul portrait authentique du grand homme. Vers 1777, le célèbre naturaliste Faujas de Saint-Fond, voyageant en Vivarais, le remarqua et l'emporta à Paris « pour en tirer des copies », ainsi que le mentionne une note écrite au dos du cadre. Tous les portraits connus ont été faits d'après cette image.

C'est un dessin au trait qui accuse plus de piété filiale que de talent. La figure est encore jeune, malgré les soixante ans du mo-

1. Ce testament ne fut pas exécuté, n'ayant été découvert que plusieurs années après la mort d'Olivier. Un autre, de 1612, renfermant à peu près les mêmes dispositions, fut seul exécuté.

dèle. Le nez est légèrement aquilin, un peu fort, la moustache courte et blanche. Au menton, une touffe épaisse de poils blancs en virgule — cela s'appellera quelques années plus tard une *royale*. — La bouche est fine, les yeux sont fendus à la chinoise, légèrement bridés et peu ouverts. Le front est vaste et puissant ; on le sent bien modelé. La tête est, suivant l'usage, rasée ; mais les cheveux poussent drus, quoique blancs, au-dessus du front et sur les tempes. Un large col rabattu cache le cou. Les lignes sont sévères, l'expression est malicieuse, presque moqueuse.

Dans son ensemble, c'est bien là une de ces têtes du seizième siècle, types particuliers qui se reconnaîtraient entre mille, tenant du moine et du soldat : du moine, ascète et intelligent, du soldat, résolu, insouciant et élégant ; résultante d'une époque qui pense et qui se bat.

Auquel des six enfants d'Olivier attribuer ce dessin ?... Une certaine conformité d'écriture entre la note et des *Mémoires* dont nous allons parler, désignerait Daniel — l'affreux petit bonhomme que l'on sait — auteur de ces mémoires.

Ces *Mémoires de Daniel de Serres*, que la gracieuse châtelaine du Pradel voulut bien nous communiquer, ne sont pas à proprement parler des « Mémoires ». Ce sont des notes écrites au jour le jour sur de petits cahiers de papier, cousus entre eux, sans grand soin. C'est un *livre de raison*, comme on en tenait un dans toute maison, noble ou bourgeoise, de cette époque.

Rien n'explique mieux cette vie étrange de la province au seizième siècle que ce manuscrit. Telle page contient les comptes d'un fermier, une vente de récoltes, et le récit, aussi simple et aussi concis, d'un combat, d'une aventure de guerre. Immédiatement après le combat, avec la même encre quelquefois, c'est la constatation d'un payement aux « serviteurs, domestiques du domaine. » Et cela continue de page en page jusqu'à la note suivante.

« Le dimanche 7 mai 1628, le Pradel, rendu à M. de Vantadour par composition, vie et bagages sauvés, fut pillé et rasé. Mon fils aîné Frank y commandait, ayant été investi le vendredi précédent. M. de Vantadour m'avait assiégé avec quatre mille hommes et deux canons, dont je souffris soixante volées. Je sortis par composition avec Sarrazin de Lagorce, mon enseigne, et Jacques Perrotin, mon sergent, l'épée au côté, et vingt de mes compagnons sans armes, n'ayant perdu qu'un soldat. »

Le vaincu n'oublia pas son manuscrit, car nous y lisons à trente-sept jours de date :

« Ce juin (15 juin), je me retirai en chemise à la Baume, ayant été mis dans ce piteux état, à la porte de Mirabel, dans les bastions du château, par les gens du roy et M. de Préault, qui y était en quartier. (Daniel avait combattu vigoureusement contre les troupes royales qui assiégeaient Mirabel et s'en étaient emparées.) Le sieur de la Baume de Rochevive m'y reçut fort humainement et m'y a entretenu avec mon petit Constantin, sa nourrice et une chambrière, jusqu'au 30 dudit juin, que par la permission de M. de Montréal [1] (un des principaux chefs catholiques), je me suis retiré à Villeneuve de Berg, en la maison de M. Veyrenc, attendant d'aller demeurer à la mienne, occupée par locataires. »

Le calme de ces notes, leur air de tranquille résignation ne laisse pas que d'étonner un peu. Pas un cri de colère, de haine, de révolte contre les hommes ou les choses du parti victorieux ; pas un espoir de vengeance. C'est presque du fatalisme. Dans la pensée de l'auteur, ce sont là jeux de guerre ; défaite aujourd'hui, victoire demain. Au lendemain de sa ruine, le Pradel perdu, Daniel va, presque insouciant, rejoindre en simple soldat, l'armée de ses coréligionnaires. Vaincu derechef, il se retire, désarmé cette fois et soumis à Villeneuve, attendant, tranquillement l'heure où son parti vainqueur lui rendra l'occasion de reprendre ses biens et son rang, et très impatiemment le départ des locataires qui occupent la maison qu'il va habiter. Mais au milieu de cette indifférence, de cette froideur, chez ce soldat qui compte sa vie d'homme de guerre par doit et avoir, une phrase apparaît, pleine de douceur, de charme intime, « mon petit Constantin ». C'est la note humaine, simple, naïve, et par cela même touchante.

Et quel tableau de l'époque que ce court récit !... Ce gentilhomme, maître la veille d'une seigneurie et d'une forteresse qu'une armée de quatre mille hommes a peine à réduire, allant, le lendemain, demander à un ennemi, un abri pour son enfant au berceau !..

Quelques mois auparavant un fait s'était produit qui avait attiré

1. Montréal, en accordant à Daniel la faculté d'habiter Villeneuve, lui imposa pour condition de laisser placer une statue de la Vierge à l'angle extérieur de sa maison. Cette madone est encore debout. (*Recherches historiques sur Villeneuve de Berg.*)

On n'accusera certes pas le capitaine catholique de férocité.

l'attention du seigneur du Pradel, et il s'était hâté de le transcrire dans son livre de raison. C'est un phénomène naturel, dont il ne connaît ni la cause ni le nom[1], qu'il se contente de décrire tel qu'il l'a vu, sans réflexions, simplement et froidement comme tout ce qu'il écrit. Il prend soin cependant, la chose lui paraissant extraordinaire, d'appeler ses serviteurs, pour qu'ils puissent, au besoin, appuyer son témoignage.

« Le mardy 20 décembre 1627, écrit-il, environ vers les neuf heures de nuict, en ma maison du Pradel, a paru un arc de couleur blanche ayant la forme de l'arc de l'alliance, et de costé du couchant, la lune étant en son plein, tenant icelui arc un de ses pieds, au pied et racine de la tour de la dite maison, et de l'autre dans la basse-cour, enveloppant la première porte, et touchant l'entrée d'une cabane de berger qui est dans la cour servant aux chiens. Et rehaussant icelui arc sur sa rondeur, au milieu environ, la hauteur d'un homme sur terre, ayant demeuré en son entier, environ une grosse heure. »

C'était décidément un impassible que ce Daniel de Serres, qui ne s'émeut, ne s'indigne, ne s'étonne de rien, pas même des choses surnaturelles qu'il ne comprend pas. On l'a vu, en quelques lignes froides, vides d'émotion — à peine un léger sentiment d'amour-propre, pour être sorti, l'épée au côté — raconter la prise et la ruine du Pradel. Et cependant, quel événement plus grave, plus important dans sa vie, que la destruction de ce vieux manoir, où il est né, où il vit, qui est déjà renommé par le souvenir de son illustre père Olivier.

Voici comment les *Commentaires du soldat du Vivarais*, ouvrage du temps, parlent de la vieille forteresse et de sa destruction. Ces détails complèteront le récit de l'auteur des *Mémoires*.

« Cette maison (le Pradel) était au milieu d'une plaine, fortifiée de hautes murailles hors d'échelles, de bonnes guérites, une parfaitement bonne porte, et tout autour un bon fossé rempli d'eau... Après le passage de M. de Rohan, M. de Ventadour demeura à Villeneuve et M. le marquis d'Annonay, son frère, auprès de lui, qui lui proposa le bien que la paix du château du Pradel apporterait, à cause

---

1. Le phénomène lunaire observé par Daniel de Serres est sans doute un *halo* ; il est causé, sur certains, par le passage d'un rayon de lumière à travers une aiguille de glace.

des courses que cette garnison faisait, étant à un quart de lieue de Villeneuve, l'entre-deux d'icelle à Mirabel, où le sieur de Mirabel faisait toutes les parties pour courir sur le grand chemin du commerce, et incommodait les habitants de Villeneuve, qui ne pouvaient cultiver leurs terres, sans se mettre au hasard de se perdre. La résolution de l'assiéger en fut donc prise, et deux pièces de campagne qui étaient au Bourg-Saint-Andéol, amenées pour ce dessein, que ceux de Mirabel crurent être pour eux, ce qui les fit travailler à se fortifier, et ne songèrent pas au Pradel, qui se trouva investi un matin, lorsqu'on y pensait le moins. Le sieur du Pradel y était dedans avec une trentaine de soldats lesquels firent très bonne contenance et tuèrent ou blessèrent aux approches quinze ou vingt hommes... Le sieur de Marsillac[1] qui avait la charge du canon, emporta en deux jours les guérites et toutes les défenses, ce qui donna les moyens à MM. d'Annonay et de Montréal de faire approcher leurs régiments aux mantelets du côté où le fossé n'était pas creusé, et où il n'y avait point d'eau; de sorte qu'étant à la sape, ils furent contraints de se rendre la vie sauve, et le quatrième jour de leur siège, le château fut dans aussi peu de temps que cela démoli entièrement, jusqu'aux fondements, et ses arbres et vergers coupés avec moins de peine et de labeur que l'auteur du *Théâtre d'agriculture*, qui en était seigneur, n'en avait mis pour les élever. »

Le Pradel, s'il faut en croire les auteurs du temps, n'était pas seulement à cette époque une maison-forte. Ils le qualifient de « séjour délicieux ». L'eau de ses fontaines était habilement et élégamment distribuée dans tout le domaine, formant, ici des cascades, là, de vastes et belles pièces d'eau. Ses vergers, plantés en quinconces, ses parterres émaillés de fleurs, ses labyrinthes réjouissaient l'œil. Un distique latin — œuvre d'un poète contemporain — que l'on pouvait y lire du temps d'Olivier, indiquait les beautés du domaine.

En voici la traduction presque littérale :

> Champs, prés, vergers, vignes, forêts,
> Eau courante, manoir champêtre ;
> Au Pradel, tout est plein d'attraits ;
> Le séjour est digne du maître.

---

1. Probablement le duc François de La Rochefoucauld, l'auteur des *Maximes*. Il avait alors quinze ans. L'année suivante, on le trouve mestre de camp, à seize ans, au régiment d'Auvergne, et faisant la campagne d'Italie.

C'est pour les hommes de ce temps que Corneille faisait les vers que tout le monde connaît : « Chez les âmes bien nées, etc. »

Champêtre est peut-être un peu ici pour la rime, mais la poésie a des exigences qu'il faut savoir respecter.

Tel était le Pradel, au moment où les troupes du seigneur de Ventadour y portèrent le ravage et la dévastation. Un an après, en 1629, Frank de Serres, son nouveau seigneur, investi lors du siège, ainsi 'a eu soin de le spécifier Daniel son père[1], commença à faire rebâtir la « maison sur le peu de murailles qui y sont restées ». Mais le manoir dut perdre, dès cette époque, son caractère de place forte, et le célèbre anglais Young trouva, au dix-huitième siècle, une habitation relativement moderne, sans aucun vestige du temps d'Olivier.

L'habitation n'a guère changé depuis cette dernière époque. Le logis principal repose sur l'ancienne forteresse dont les épaisses murailles au puissant talus lui servent de base. La distribution du rez-de-chaussée est à peu près la même que du temps d'Olivier, et c'est là, si l'on veut s'inspirer de sa présence, qu'il faut aller l'évoquer. A l'angle nord, une échauguette est cependant restée comme dernier souvenir du vieux castel du seizième siècle.

Humiliée de son badigeon blanc, elle regarde mélancoliquement par dessus la plaine la tour ruinée de Mirabel qui se dresse, fière et sombre à l'horizon, songeant, dans son éternelle solitude, à sa splendeur passée.

Une petite chapelle est adossée au mur de la cour, et un prêtre catholique célèbre aujourd'hui les saints mystères aux lieux mêmes où il eût été massacré il y a trois siècles. La légende attribue à un fait miraculeux la fondation de cette chapelle.

Le saint apôtre du Velay et du Vivarais, Jean-François Régis, poursuivi un jour par les calvinistes, fut obligé, trahi par ses forces, de chercher un refuge au Pradel et de se cacher, à l'insu de ses habitants, calvinistes peu tolérants, comme on le sait, dans une meule de foin dressée dans la cour du château. Les soldats transpercèrent de leurs longues piques et de leurs immenses hallebardes le tas de foin, sans atteindre le saint qui échappa ainsi miraculeusement à leur poursuite.

Le miracle ne fut pas oublié, et, dès qu'on le put, c'est-à-dire aussitôt que le Pradel fut revenu à la religion catholique (ce qui dut

---

1. Cette investiture, constatée si soigneusement par Daniel, n'est-elle pas une espèce de sauvegarde destinée à faire retomber sur le fils seul, sans patrimoine, les responsabilités de la révolte contre l'autorité royale, entraînant souvent la confiscation des biens du révolté?

arriver de 1690 à 1700), on eéleva, sur le lieu même du «miracle», une chapelle à la gloire du saint vénéré dans tout le Vivarais.

C'est pour les environs un lieu de pèlerinage, et souvent l'on y trouve l'humble obole déposée par les pèlerins : un ou plusieurs gros sous. Les pauvres profitent de la modeste et méritante offrande, grossie par les maîtres du Pradel.

Au devant de la maison se trouve une grande pièce d'eau, lavoir, abreuvoir et mare tout à la fois, que l'on dit à tort être contemporaine d'Olivier. Non loin de là, dans le creux de la prairie, est une autre fontaine, recouverte d'un petit toit dépassant à peine le sol d'un mètre. Celle-là est bien réellement contemporaine du grand agronome. Elle est cependant un peu comme le couteau de Jeannot. On a plusieurs fois remplacé son toit, à diverses reprises on a réparé ses murs, mais c'est en somme la même fontaine, et Olivier a dû bien des fois se reposer à l'ombre du saule — ancêtre de ceux d'aujourd'hui — qui de son temps l'ombrageait.

La famille de Serres paraît posséder le Pradel depuis 1535 seulement. En 1694, il passa à la maison de Mirabel, ainsi qu'on l'a vu. Les de Serres ou des Serres, ainsi que l'écrivait Olivier, étaient de bonne noblesse vivaroise. Ils étaient depuis longtemps établis dans le pays, sans grande notoriété cependant. En 1377, on trouve un Raymond de Serres, chevalier, en 1472, un Simon de Serres, prêtre à Villeneuve. Ils durent embrasser les nouvelles doctrines dès leur apparition dans la province. Le père d'Olivier était pasteur protestant à Genève, et tout semble indiquer qu'Olivier devait lui succéder dans ces fonctions. En 1535, le pasteur revint probablement à Villeneuve, son lieu de naissance, acheta ou hérita le Pradel, et d   un notable. Peut-être est-ce à la date de son mariage, et le Pradel, la dot qu'on lui apporte ? Quatre ans plus tard, en 1539, un fils lui naît, qu'il semble avoir emmené dans la capitale de la Réforme où il passa son enfance et une partie de sa jeunesse. Là est peut-être l'explication de ces convictions ardentes qui firent plus tard d'Olivier un fougueux sectaire. 1559 retrouve le jeune huguenot à Villeneuve : il a vingt ans. Cette année même, il épouse la fille d'un catholique, catholique elle-même, Mlle d'Arcons. La terre d'Arcons est voisine de celle du Pradel. N'y a-t-il pas eu, dans cette union — bien surprenante à ce moment — un doux roman d'amour ignoré, une fraîche idylle de la vingtième année ?... Tout le fait supposer, car il n'y a guère, à cette époque de passions violentes, que la plus puissante des passions humaines, l'amour, qui puisse vaincre les haines religieuses. Mais les convictions d'Olivier n'ont pas faibli; en 1561, il devient diacre de l'église de Villeneuve et ses concitoyens l'envoient à Genève féliciter Calvin et lui demander un prédicant. C'est à ce moment un ardent apôtre à qui l'on doit attribuer, en grande partie, l'extension de la religion nouvelle à Villeneuve et dans ses environs.

Ici, se place un fait qui honore le grand homme et qui a beaucoup influé — beaucoup trop peut-être au point de vue de l'appréciation de certains faits postérieurs — sur le jugement porté par quelques écrivains catholiques sur Olivier.

En 1561, les protestants inspiraient déjà des craintes sérieuses dans tout le Bas-Vivarais. Le passage suivant d'un testament de *Guillaume de Vogué* dépeint la situation dans ce pays : « Plusieurs seigneurs, gentishommes, soldats et autres séditieux et rebelles, brûlent, pillent, ruinent, démolissent et saccagent des châteaux, églises, monastères et couvents, sous prétexte d'une religion nouvelle par eux inventée. » Les catholiques de Villeneuve, partageant l'alarme générale, songèrent à mettre en sûreté les richesses de leur église. C'est à Olivier de Serres qu'ils s'adressèrent, c'est à son honnêteté qu'ils confièrent le dépôt des vases et ornements sacrés [1].

Dix ans plus tard, hélas ! le sectaire évangélisateur, l'apôtre ardent mais pacifique de 1562 était devenu un soldat aux mains teintes de sang — du sang de ces catholiques qui avaient eu foi en son honnêteté et en sa loyauté.

La vocation des armes dut lui venir en cette année 1561 qui vit naître la guerre civile, et il dut combattre, au mois de décembre de l'année suivante, avec ses frères, sous les murs de Villeneuve qu'ils prirent et saccagèrent. A partir de ce moment, c'est l'homme de guerre de cette sanglante époque que l'histoire a à juger. En 1567, en 1569, il se bat contre le duc de Montmorency. En 1570, on le trouve sous les ordres de Coligny au siège de Saint-Montant et on le récompense après la victoire par un fief important. Ce fait n'est pas rare, et Olivier

1. Olivier rendit le dépôt au bout d'un an, par crainte « qu'ils (les objets) ne lui fussent volés et emportés. » On le chargea alors de les vendre, ce qu'il fit, à un sieur Baratier, orfèvre à Montélimart, et d'en conserver le prix entre ses mains. Ce prix, on ne sait par quelles cricons'ances, ne fut remboursé à l'église de Villeneuve que cent ans plus tard, par Constantin, arrière petit-fils de l'agronome, à la suite d'un long procès. (Abbé Mollier. *Recherches sur Villeneuve de Berg.*)

n'est pas le seul à tirer parti, pour la richesse de sa maison, d'une victoire ou d'un pillage. On faisait du même coup ses affaires et celles de la religion, et l'on traitait alors, fort souvent, une opération militaire comme de nos jours on traite une opération de commerce. A trois siècles d'éloignement, il ne faut pas se montrer trop sévères pour des faits que leur milieu et leur époque expliquent ou justifient.

Entre un siège ou une embuscade mené à bien, un bon fief conquis, et quelques ennemis occis à la plus grande gloire de la religion, on venait se reposer en son château, à l'abri de hautes et fortes murailles, et bien gardé par une bonne garnison; jouissant des douceurs de la vie champêtre, jusqu'à ce que sonnât un nouveau boute-selle.

Olivier revient souvent en ce Pradel qu'il aime. Là il s'occupe d'agriculture ; mais le magnifique livre qu'il écrira plus tard et qu'il prépare déjà ne l'absorbe pas tout entier et ne le fait pas négliger les choses de la religion. Il entretient des relations fréquentes avec les gentilshommes protestants, ses voisins, avec le gouverneur de Villeneuve, le capitaine Baron, à côté de qui nous le retrouverons à une heure néfaste. Pour rompre l'uniformité de cette vie des champs, on organise tantôt une entreprise sur un bourg catholique voisin, tantôt une embuscade sur le grand chemin du Rhône à la Loire où trafiquent de riches marchands, tantôt une attaque sur un château papiste des environs.

Les premiers mois de 1573 trouvèrent Olivier cantonné en sa maison-forte du Pradel, et Villeneuve au pouvoir des catholiques. L'importance de cette place était grande. De sa possession dépendait celle de presque tout le pays environnant. Aussi, ne pouvait-on se résigner à la perdre et c'était, dès le jour où l'on en était chassé, des préparatifs pour y rentrer.

Villeneuve perdue, son gouverneur protestant, Baron, en sortit avec tous les religionnaires; mais voulant se venger du seigneur de Mirabel, l'un des chefs catholiques (les Mirabel abjurèrent quelques années plus tard, et devinrent les principaux chefs protestants du pays), il vint attaquer leur château dont il s'empara, et où il s'établit. « De « Pradel (Olivier de Serres) gentilhomme du voisinage, vint se « joindre à lui : là ils concertèrent tous les deux sur le moyen de « reprendre la ville » aux catholiques.

Nous sommes arrivé à l'heure sombre de la vie d'Olivier. Notre plume se fût refusée à en retracer le souvenir, si ce n'était pour elle un devoir. Le chroniqueur est le témoin de l'histoire, et, comme lui, il doit *toute la vérité*... Disons vite, mais disons.

Une entente s'établit entre Olivier et Baron « qui apportait, dit d'Aubigné, force difficultés à l'affaire, mais que Pradel pressa, incita et contraignit »[1] et l'expédition fut résolue. Elle fut menée à bien, grâce surtout à l'énergie d'Olivier, et dans la nuit du 2 mars 1573 — date funeste pour la gloire du grand homme — la ville fut surprise, mise à sac et pillée. Les plus grands excès furent commis par le parti victorieux sur les femmes, les enfants, les vieillards, et durèrent trois jours. « Une trentaine de prêtres s'étaient rendus à Villeneuve pour tenir un synode. Ces curés s'étaient cachés dans l'église pendant la nuit du siège, mais leur découverte ranima la fureur des religionnaires : les uns furent égorgés sur-le-champ, d'autres furent horriblement mutilés de diverses manières ; par dérision, on en fit promener quelques-uns avec des ornements sacerdotaux que l'on trouva dans l'église, et après avoir été le jouet et l'objet des insultes des soldats, ces curés furent massacrés, sans qu'aucun d'eux pût s'échapper. Ces scélérats précipitèrent ensuite dans des puits les cadavres des prêtres et des habitants qu'ils avaient égorgés[2]. » L'horreur de ce massacre fut si grande que le souvenir s'en est perpétué vivant jusqu'à nous, et qu'à cette époque même, hélas ! si fertile en faits de ce genre, il souleva la réprobation de tous.

Avec les admirateurs du grand homme, avec François de Neufchâteau, son panégyriste, avec Eugène Villard, le savant et consciencieux auteur d'*Olivier de Serres et son œuvre*, nous eussions voulu croire qu'Olivier était étranger à ces massacres. Nos efforts ont dû céder devant l'irrécusabilité des preuves. Trois auteurs contemporains : Jean de Serres, frère d'Olivier, d'Aubigné, écrivain protestant, et de Thou, sympathique aux réformés, affirment le fait, d'une façon différente peut-être, mais non moins probante. D'Aubigné désigne clairement l'auteur du *Théâtre d'agriculture*, et fait honneur à son énergie, à son courage, à sa persistance du succès de l'entreprise ; Jean de Serres n'est pas moins affirmatif, et de Thou dit qu'un capitaine du nom de Pradel « exerça, sur les prêtres d'un

1. D'Aubigné. *Histoire universelle*, 2e édition, 1626, t. II.
2. *Histoire du diocèse et des évêques de Viviers*, par Giraud-Soulavie, manuscrit in-4°. Bibliothèque du Grand-Séminaire à Viviers.
Il existe encore à Villeneuve un des puits dont parle l'historien.

synode du Vivarais, les représailles de la nuit du 24 août 1572 ». Il faut se rendre à l'évidence, et cette évidence, ce ne sont pas seulement les preuves presque matérielles que nous venons d'indiquer qui l'imposent, elle ressort encore de l'étude approfondie de l'époque, du caractère d'Olivier, de sa situation, et des entrainements qui sont la conséquence forcée de cette situation.

Sa gloire, hélas ! a des taches de sang à son auréole. Une œuvre glorieuse, humaine entre toutes, a pu affaiblir ces taches, elle n'a pu les effacer entièrement.

La part de responsabilité que nous faisons remonter à Olivier est moins grande cependant qu'on pourrait le croire. Bien des circonstances atténuantes plaident en sa faveur, et la plus importante entre toutes est l'influence du milieu dans lequel il a vécu.

Nous n'ignorons pas où nous conduirait l'abus d'une pareille théorie qui a pour dernier terme l'irresponsabilité ; mais il serait puéril, tout en ne l'acceptant pas dans son entier, de la nier absolument.

Dans le coin du Vivarais où Olivier est né, où il a grandi, où il vit, on s'endormait depuis trente ans au bruit d'une arquebusade, on s'éveillait au grondement du canon. Tuer était œuvre de métier, quand ce n'était pas considéré comme œuvre de devoir... Et l'on était au lendemain de la Saint-Barthélemy, et dans ce temps de guerres intestines, le meurtre de la veille provoquait et expliquait, s'il ne le justifiait, l'assassinat du lendemain.

Il est dans l'histoire certaines époques, certains siècles qui sont comme des courants impétueux, aux flots troublés et agités, entrainant tout sur leur passage ; d'autres sont comme des lacs tranquilles, « qu'aucun souffle ne ride », et sur les bords desquels on vit heureux.

Olivier était de ce temps que l'histoire a appelé le « *Temps des Troubles* », et l'on doit en tenir largement compte dans le jugement qu'on porte sur lui.

Cette date funeste — 2 mars 1573 — semble marquer la fin de sa vie de soldat. A son entour, on continue à s'égorger, ses compagnons tuent ou sont tués, il n'est signalé nulle part, les armes à la main. Baron, son ami et son complice de Villeneuve, taille en pièces, un an après, les catholiques, près d'Aubenas, s'empare de cette ville, dont il passe la garnison au fil de l'épée ; aucun chroniqueur ne signale sa présence à ce fait d'armes, digne pendant de celui du 2 mars.

« Retiré en son château du Pradel, dit un historien [1], d'où il ne sort ordinairement que pour des voyages lointains et scientifiques, il s'y livre aux travaux des champs, à l'éducation des vers à soie, à la composition de son *Théâtre d'agriculture*. »

Il y a là cependant une situation étrange. Comment expliquer cette retraite subite, en pleine guerre?.. Olivier est dans toute la force de l'âge, il a trente-quatre ans. Est-ce une blessure?... Est-ce une maladie?.. Les chroniques du temps le mentionneraient. Est-ce un remords, et le souvenir de la terrible date pèse-t-il sur sa conscience, subitement troublée?.. Autant de questions auxquelles l'X, gardien incorruptible des secrets de l'Histoire, n'a pas répondu.

Mais Olivier n'a pas pour cela abandonné complètement la vie politique. Le Pradel, transformé en quartier général, reçoit et renvoie de nombreux messagers, allant, dans la province ou au dehors, organiser la défense ou préparer l'attaque.

Pendant quatorze ans encore la guerre désole ce malheureux Vivarais, que la peste et la famine viennent achever de ruiner. Le froid, la maladie, la faim font plus de victimes que les combats les plus sanglants. Ce ne sont plus des soldats, ce sont des brigands et des assassins qui tiennent le pays et tuent pour manger.

La noblesse de la province, réunie en assemblée particulière au château de Vogué, délibère, le 15 janvier 1587, « sur les affaires du pays (et décide d') envoyer une députation au roi, avec prière d'arrêter la plus sanglante des guerres, de permettre une trêve, ou tout au moins de donner la liberté de commercer et de labourer, afin d'alléger les tailles, sans quoi ses fidèles sujets ne pourraient plus soutenir sa cause [2]. » Inutiles efforts! les hostilités reprennent avec plus de violence que jamais. Il semble que l'avènement d'Henri IV dût amener l'apaisement et l'oubli. Il n'en fut rien. On s'égorgea toujours pour le prêche ou pour la messe. Le changement de règne ne fait qu'apporter de nouveaux éléments de discorde. La Ligue a trouvé des adhérents en Vivarais, et le Béarnais compte parmi ses adversaires les plus grands seigneurs de la province.

En 1594, le roi a abjuré, Paris lui a ouvert ses portes, mais la Ligue n'est pas vaincue en Vivarais. Un grand désir de paix se manifeste cependant, on est à bout de forces, et les États de la province dési-

---

1. L'abbé Mollier. *Rech. histor.*
2. *Notices généalogiques*, de M. H. Deydier, art. Vogué, manuscrit.

gnent Olivier, *le seigneur du Pradel*, en même temps que Guillaume
de Vogué et du Peloûx « pour traiter avec les seigneur de Tournon,
de Montlaur et de Montréal, et les engager à abandonner enfin le
parti de la Ligue pour servir Henri IV ».

Quatre ans se passent, l'édit de Nantes apporte enfin à cette mal-
heureuse population du Vivarais, qui s'égorgeait depuis un demi-
siècle au nom du Dieu de miséricorde, cette paix tant désirée, et que
tout, cette fois, semble assurer durable.

A ce moment, Olivier a fui, depuis vingt-cinq ans déjà, les dis-
cordes civiles, s'efforçant, écrit-il, d'oublier en sa retraite du Pradel,
les *fâcheuses humeurs* de sa patrie. Il laboure, sème, plante et écrit.
Il élève le monument de sa gloire qui s'appellera deux ans plus tard :
Le Théâtre d'agriculture et mesnage des champs. En attendant, il publie
à Paris (1599) un opuscule qui prélude au chef-d'œuvre : *La cueil-
lette de la soye par la nourriture des vers qui la font.* En 1600, il
publie le *Théâtre*, et trois ans après une nouvelle brochure : *Seconde
richesse du mûrier blanc.*

Tout se réunissait pour assurer au livre un immense succès : sa
valeur et son opportunité.

L'érudition d'Olivier est très grande ; il l'a toute mise dans ce livre
qui est une encyclopédie presque complète pour l'époque. Le progrès
des sciences a certainement enlevé depuis à quelques parties de
l'œuvre leur valeur ou leur utilité, mais elle reste, dans son ensemble,
un monument de savoir, de vertu et de bon sens. Assurément, en
certains passages, l'auteur est de son temps et n'a pu en dépouiller
tous les préjugés : nous n'en voulons pour preuve que l'étrange
remède qu'il propose pour se remettre en graines, dans le cas où le
ver à soie, par dégénérescence ou accident, disparaîtrait complètement.

Ce remède, qui rappelle celui du pasteur Aristée, consiste à nourrir
de feuilles de mûrier un jeune veau pendant vingt jours, au bout
desquels le veau est tué et mis dans une cuve pour y pourrir. « De la
corruption de son corps sort abondance de vers à soye, qu'on prend
avec des feuilles de meuriers, s'y attaschant, lesquels nourris et
eslevés selon l'art et commune façon, produisent, en leur temps, et
soye et semence, comme les autres. »

Olivier n'a pas eu occasion, cela se voit, de faire l'épreuve de son
merveilleux procédé, qui, s'il eût réussi, nous eût épargné bien des
mécomptes, par le temps de *gattine* qui court. Mais, dans cette cré-

dulité presque naïve, son esprit chercheur, soulève une question bien grosse, qu'il ne fait que soupçonner, il est vrai, mais que le dix-neuvième siècle définira : celle des générations spontanées.

Son style a un charme particulier : il est clair, piquant. Plus que piquant parfois, il a la saveur des langues qui se forment. Il a aussi des essais qui sont comme les bégaiements d'un enfant au berceau. On a dit avec raison qu'il rappelle celui de Montaigne et de saint François de Sales ; du sceptique et du croyant.

Olivier est dans son livre comme dans sa vie un ardent croyant. Le chrétien s'y montre à chaque page, et ses préceptes sont chrétiens dans la plus haute acception du mot. « Demander l'aide de Dieu en toutes ses affaires » ; « aimer les pauvres pour exercer la charité envers eux » ; ne jamais faire le mal afin que le bien en advienne ». Telle est sa morale ; il serait difficile d'en trouver une plus élevée et plus pure.

Le livre eut le bonheur de venir à son heure. « Au début d'une ère d'apaisement et de réparation, dit M. Villard, un homme de génie, un maître offre à ses contemporains, si longtemps et si douloureusement éprouvés, un tableau fidèle autant qu'achevé des travaux et des avantages de la vie rurale. Le contraste était charmant, la diversion fut puissante [1]. »

Les éditions, les traductions du *Théâtre* se succédèrent et se multiplièrent, et le nom d'Olivier de Serres acquit en Europe une éclatante et rapide célébrité.

Notre intention n'est pas d'écrire une biographie du grand homme. Nous n'avons voulu qu'esquisser quelques circonstances de sa vie, inconnues ou peu connues, et évoquer pour un instant cette grande figure dans les lieux ou elle a vécu.

Tout le monde sait, et nous ne le redirons pas, comment la faveur royale vint chercher au Pradel le grand agronome, comment il fut appelé à la Cour par Henri IV, qui faisait du *Théâtre* sa lecture favorite.

Touché de cette royale amitié, mais non ébloui, Olivier revient en ce Pradel bien-aimé, « où son inclination et l'estat de ses affaires le retiennent ». Il y passe, au sein de sa nombreuse famille, dans la culture de ses terres, au milieu de ses serviteurs, les dernières années de sa vie, honoré et chéri de tous, sans acception de parti.

---

1. *Olivier de Serres et son œuvre*, par Eugène Villard. Paris, Douniol, 1872.

Il y mourut le 2 juillet 1619.

Des fenêtres du Pradel, on aperçoit, un peu vers le nord, un bouquet de cyprès au noir feuillage, plantés en carré, au milieu des champs. Leur isolement et surtout leur ancienneté ont fait croire qu'ils indiquaient le lieu où avait été enseveli l'illustre agronome : le cyprès est l'arbre des tombeaux.

Rien ne semble donner raison à cette croyance. Olivier a exprimé, dans son testament, le désir d'être inhumé dans la sépulture de sa famille, à Villeneuve. Il est plus que probable que cette dernière volonté a été exécutée. Aucun vestige de cette sépulture n'existe aujourd'hui à Villeneuve.

A l'horizon, les derniers rayons du soleil faisaient dans la montagne une trouée de flammes. Les Cévennes lointaines nous apparaissaient noyées dans une brume violette d'une douceur infinie. La tour de Mirabel se détachait, au contraire, noire et sombre, dans une éclatante lumière. Une nappe lumineuse couvrait la plaine. Cette fine poussière d'or dont on a fait un cliché qui court les couchers de soleil, était, à cette heure, une éblouissante réalité. On la voyait poudroyer dans l'air et se reposer sur les frondaisons épaisses et lourdes de la chênaie, auxquelles elle donnait des tons de bronze florentin.

Tout à coup un bruit étrange rompit le silence. Un train passait, remplissant la vallée de son monstrueux halètement.

On eût dit le fracas d'une chasse invisible, se précipitant dans les profondeurs du bois. On entendait le galop des chevaux, les appels des trompes, les abois des chiens, le brâmement du cerf. Il semblait voir, à travers la mouvante ramure, flotter et disparaître, comme une gaze d'argent, les voiles des chasseresses.

Le bruit s'affaiblit peu à peu... la chasse s'enfuyait au loin dans la plaine... puis tout se tut...

Une heure après, le train, que nous avions pris à la station de *Saint-Jean*, distante du Pradel de trois kilomètres, nous emportait à toute vapeur vers le Rhône.

LÉON VÉDEL.

PARIS. — IMPRIMERIE DE P. MOUILLOT, 13, QUAI VOLTAIRE. — 22574.

www.ingramcontent.com/pod-product-compliance
Lightning Source LLC
Chambersburg PA
CBHW061656050726
47598CB00004B/1606